AF244709

OBSERVATIONS

SUR LA DÉCLARATION

DES DROITS ET DEVOIRS

DE L'HOMME ET DU CITOYEN.

Par LAROCHE, notaire a Paris,

———————

Lors des discussions qu'occasionnèrent les différens projets de déclaration des droits qui furent soumis à l'examen des Assemblées nationales, j'eus le dessein d'émettre mon opinion sur cette partie si essentielle du pacte social ; mais la promptitude avec laquelle ces projets furent discutés et convertis en lois, des obstacles imprévus, prévinrent la fin de mon travail, et je n'eus plus qu'à me taire.

Aujourd'hui que, sans toucher au fond du système politique de notre constitution, il s'agit de *préparer les changemens qu'exigent les vices et inconvéniens que l'expérience a fait découvrir dans ses dispositions organiques,* n'est-il pas à propos de placer au même rang le défaut de clarté, de précision, d'ordre, qui, selon moi, se trouve dans la déclaration des droits ? Et ne doit-on pas considérer comme un grand vice dans un ouvrage de cette nature, qui est la base fondamentale du pacte social, qu'il soit lui - même sans fondement déterminé ?

Dix ans d'expérience n'ont fait que me démontrer de plus en plus cette vérité ; et je suis, quant à moi, convaincu que c'est du mal-entendu des premiers principes établis dans cette déclaration, que sont en grande partie résultés tous les abus et les crimes dont la France est le théâtre depuis ce temps.

Les peuples ne doivent point être instruits à demi : mieux valent pour eux les ténèbres de l'ignorance que la fausse lumière de l'erreur. Cette pensée de Rousseau est justifiée par l'effet qu'a produit dans notre révolution la fausse application des principes posés dans la déclaration des droits ; lesquels n'étant point déduits avec précision de la nature de l'homme et de sa fin sociale, n'étant point co-ordonnés avec ses moyens d'existence et de perfectibilité, ont été interprétés par chacun au gré de ses passions. Qui ne se rappelle les désordres que ce mot de *liberté,* pris dans le sens le plus étendu, comme chacun sait, a entraînés dès 1789, au moment même que parurent les premiers projets sur la déclaration des droits ?

Il falloit sans doute poser les bases du pacte social ; et puisque ce pacte étoit fait pour l'homme, il falloit bien commencer par reconnoître et proclamer ses droits. Mais quels droits, si ce n'est ceux, et ceux-là seulement, qui s'accordoient avec un ordre social ; c'est-à-dire, les droits et les devoirs de l'homme citoyen ; en lui faisant sentir la différence de l'homme indépendant à l'homme citoyen, et partant dépendant ? Il falloit enfin que cette déclaration de droits pût se graver au cœur et à la raison humaine en caractères si clairs, si précis et si profonds en même temps, que nul ne pût, je ne dis pas les méconnoître, mais même les interpréter. Voilà ce que devoit faire la déclaration ; voilà ce qu'elle n'a pas fait.

Je me sers ici du mot *déclaration* pour m'accommoder à l'usage ; mais je suis loin de l'adopter, comme on verra tout-à-l'heure. Avant tout, c'est pour l'homme qu'on a fait une constitution ; c'est donc de l'homme qu'il faut parler.

L'homme doit être considéré sous deux rapports : le premier, comme être isolé, sans relation avec ses semblables, livré à lui-même, ne recevant des secours de personne, et n'en portant à qui que ce soit, partant indépendant. Cet être a existé ; on en a des exemples. Le second, comme vivant dans la société de ses semblables, ayant avec eux des relations quelconques.

L'homme comparé sous ces deux rapports diffère tellement de lui-même, qu'il est extrêmement difficile à la raison de concevoir qu'ils puissent se concilier dans le même individu.

Cependant le titre de la déclaration les distingue positivement par la copulative *et* qui lie l'homme indépendant à l'homme social : ce qui indique qu'on a voulu faire concourir les droits du premier avec ceux du second. Or cela me paroît impossible.

En effet, l'homme indépendant a droit à tout ce qu'il desire ; sa volonté, sa force, sont ses titres ;

il est le maître absolu de tout ce qu'il peut, et sa puissance n'a de bornes que le terme de ses facultés.

L'homme social, au contraire, n'a de droits que ceux qu'il tient du pacte. Quelques soient ses desirs, sa volonté, sa force, ils ne sont point à lui, mais à la société qui modifie tellement l'exercice de ses facultés, qu'il ne doit vouloir ni faire rien de plus que ce qu'elle lui permet. Le premier peut vouloir tout ce qui lui plaît, le second subordonne sa volonté particulière à la volonté générale. Dans l'un, je vois un être unique, un entier absolu ; dans l'autre, je n'apperçois qu'une infiniment petite fraction d'un grand tout.

Vouloir donc que l'homme soit en même temps cet entier absolu et une fraction infirme du tout, c'est ce qui m'a toujours paru contradictoire. Il est difficile qu'avec des idées aussi disparates, l'homme, en général peu instruit, quelque bien intentionné qu'il soit, se puisse accorder avec lui-même ; puisque sous le premier rapport il se croit tout permis, et sous le second à peine ose-t-il se remuer.

Si le titre de la déclaration n'eût indiqué que l'homme citoyen, nul n'auroit pu se considérer que sous ce rapport ; et la distinction qu'a fait cette fatale conjonction, laquelle a été saisie par plus d'individus qu'on ne pense, n'eût pas causé tant de maux.

L'homme est né pour la société, telle est mon opinion. Qu'il existe quelques êtres jouissans de leur indépendance absolue, ce n'est qu'une exception qui ne peut rien contre le fait de tous les temps. Mais il n'est pas moins vrai que chacun peut renoncer à la vie sociale, pour s'enfoncer dans un desert, et chercher à y vivre seul. Ce droit me paroît incontestable ; et nulle autorité ne peut aller jusqu'à vouloir l'empêcher. Mais ce n'est pas de cela qu'il s'agit. La question est de savoir pourquoi, à quelle fin, l'homme a préféré l'état social à l'indépendance. C'est, selon moi, de la solution d'une question si simple, que dérivent les bases du contrat social. C'est là, uniquement là, qu'on trouvera le moyen d'accorder les droits de l'homme avec ses devoirs ; et ceux-ci deviendront d'autant plus sacrés pour lui, qu'ils ne seront que le résultat de sa volonté. Or, la déclaration des droits ne dit pas un mot de tout cela, qui me semble pourtant de toute nécessité.

Il suffit de considérer un instant l'homme isolé de ses semblables, pour juger que son intérêt seul l'a déterminé à se réunir à eux. Il a facilement trouvé dans leur appui des avantages supérieurs à ceux qu'il retiroit de son indépendance : il a bien pu sentir en même temps qu'il perdroit quelque chose de sa liberté primitive ; mais dans la balance des avantages et des inconvéniens, les premiers l'ont emporté ; et voilà la raison du contrat social. Raison écrite en termes plus clairs dans la tête du Hottentot et de l'Algonquin, que dans celle des peuples dits civilisés.

Et qui produit à l'homme, dans l'état social, ce surcroît d'avantages, au-delà de ceux résultant de son indépendance, si ce n'est l'action de tous et de chacun en particulier, suivant ses facultés individuelles, vers le but de l'utilité commune, dont ce surcroît est le résultat ? Voilà une première donnée qu'on ne me contestera sûrement pas.

Mais si, pour arriver à ce but, il faut nécessairement le concours des facultés de tous, et que chacun fournisse son contingent de moyens, sans quoi les avantages de l'état social n'existeroient pas ; cette action nécessaire de tous n'est-elle pas ce qui compose les devoirs de l'homme envers le corps social, ou les devoirs du citoyen ? peut-on concevoir que l'un existe sans l'autre ? Cette seconde proposition est sans doute autant incontestable que la première.

La conséquence est donc que le pacte social est un engagement réciproque, un véritable contrat synallagmatique, passé entre l'universalité des citoyens, volontairement réunis en corps de peuple, et chaque citoyen en particulier comme homme, par lequel chaque individu s'oblige envers tous, et tous s'obligent envers chacun. D'où l'on pourroit même conclure que les devoirs passent avant les droits qui en sont le produit, comme la volonté précède l'acte.

Il résulte de ce que dessus, qu'en passant dans l'état social, l'homme indépendant est forcé de renoncer à tous ses droits naturels qui en blesseroient le pacte ; par conséquent qu'il ne peut plus être considéré que relativement à la place qu'il tient dans l'association ; partant qu'il est contradictoire dans un tel pacte, de distinguer les droits de l'homme de ceux du citoyen ; et qu'en cela le titre de la déclaration est essentiellement vicieux.

Je reprends maintenant le mot *déclaration :* que veut-il dire ? qu'a-t-on entendu par ces mots proclamer *la déclaration des droits ?* n'est-ce pas poser et reconnoître les bases du pacte social ? mais le mot *déclaration* n'exprime pas cela. On ne peut déclarer, et on ne déclare réellement que ce qui est, un fait, une vérité principe, immuable, telle que celles élémentaires de géométrie. Or les bases du pacte social ne sont point de cette nature, comme je vais le démontrer ; et les principes déduits dans la déclaration des droits disent précisément le contraire.

Puisqu'il est nécessaire que l'homme, en s'associant à ses semblables, leur abandonne la portion de ses droits naturels qui pourroit nuire à l'association ; il s'en suit qu'il ne lui reste plus de ces droits que ceux dont le pacte social lui laisse l'usage : il n'est plus homme et citoyen, il est seulement homme citoyen. Mais ce pacte est susceptible d'autant de modifications qu'il y a de formes possibles de gouvernement. On est revenu, je pense, de l'extravagante idée du code du genre humain, rêvé, ou plutôt jeté parmi nous comme une pomme de discorde par Anacharsis Clootz. On reconnoît je crois, sans peine, que la forme du gouvernement doit être analogue au climat, à la nature, à l'étendue du sol et de la population, au caractère particulier que donne à l'homme la terre même qu'il habite. D'après cela, dès qu'il existe nécessairement diverses formes de gouvernement, il s'en suit que les droits naturels de l'homme sont étendus ou resserrés suivant la variété des conditions de chaque association. Ces conditions sont susceptibles elles-mêmes de modifications diverses, selon l'utilité, ou simplement la volonté des associés. Comment donc peut-on déduire des vérités principes d'un ordre de choses aussi susceptible de plus ou de moins ? Cela répugne à la raison. Donc le mot *déclaration*, qui suppose une chose immuable de sa nature, ne peut s'appliquer à des données variables qui ne sont autre chose qu'un résultat, non d'un principe, mais seulement d'une convention, analogue sans doute au principe; mais qui s'en écarte autant que l'exige l'intérêt général ; lequel, par le fait de l'association, se trouve en opposition avec l'intérêt particulier de quiconque voudroit, aux avantages de l'association, joindre ceux de l'indépendance absolue.

L'expérience sans doute nous a bien convaincus

que tel a été le vœu d'un grand nombre d'individus qui, dépourvus de toute moralité, et entraînés par l'appétit brutal des jouissances physiques qu'ils envioient depuis long-temps, n'ont vu dans la révolution que le moyen de se satisfaire. A peine leurs oreilles ont-elles été frappées de ce mot de *liberté*, présenté sous l'idée la plus illimitée et la plus indéfinie, que, brisant à l'instant non-seulement les chaînes du despotisme, mais encore tous les liens de l'ordre social, dont ils n'avoient nulle idée, ils se sont livrés avec une fureur aveugle à tous les emportemens et les crimes qui pouvoient leur procurer ces jouissances. D'autres, non moins cupides de ces mêmes jouissances, mais avides de domination, se sont déclarés les apôtres de cette liberté; pour, sous son enseigne, exercer l'empire le plus absolu et le plus tyrannique qui fut jamais. Par les effets on doit juger les causes. Je n'assurerai pas que, quand même on eût expliqué d'une manière plus claire et plus précise au peuple français ce que veulent dire ces mots, *égalité des droits, liberté sociale, propriété, sûreté*, la révolution n'eût pas été souillée de toutes les horreurs dont la raison et l'humanité gémissent; mais je crois pouvoir dire au moins que les scélérats n'eussent point eu de prétextes, et que le plus grand nombre de ceux qu'ils ont égarés auroient évité le piége. Je le répète, les peuples ne doivent point être instruits à demi.

Je crois avoir démontré que le nom DÉCLARATION est faussement appliqué aux principes de la constitution, et que la distinction qu'opère la conjonction *et* de l'homme, du citoyen, est tout au moins contradictoire et vicieuse dans ses conséquences. Je pense donc qu'il étoit plus vrai, plus naturel et plus convenable de les appeler PRINCIPES FONDAMENTAUX DE LA CONSTITUTION DU PEUPLE FRANÇAIS.

Après le titre, vient le préambule, dont le laconisme et la sécheresse m'ont toujours paru extraordinaires. J'ai suivi, autant qu'il a été en moi, toutes les opérations de la représentation nationale, et peu de lois d'intérêt général m'ont échappé. Il n'en est pas une qui ne soit précédée d'un *considérant* qui contient les motifs de la loi. Cet usage est de toute justice et de la plus grande importance : il est dans l'ordre que le législateur rende au peuple raison des motifs de la loi : et si, sous le despotisme, la certaine science et pleine puissance n'empêchoient pas de le faire ; si, au contraire, cela s'observoit scrupuleusement; à plus forte raison le législateur d'une République doit - il s'en faire un devoir encore plus rigoureux. Comment se fait-il donc que la constitution, ou plutôt les principes sur lesquelles elle repose, ne soient appuyés d'aucun motif ?

C'est le peuple français, me dira-t-on, qui proclame ces principes ; c'est pour lui qu'il fait sa constitution ; il n'a pas besoin de se rendre compte à lui-même des motifs qui ont déterminé sa volonté, puisque, sans doute, il les connoît. Ce n'est là qu'un sophisme. Sans doute, le préambule parle au nom du peuple français : mais est-ce ce peuple qui a fait sa constitution ; ne sont-ce pas ses délégués ? Mais ce peuple ne se compose-t-il que de la génération existante ? n'est-ce que pour cette génération qu'est faite cette constitution ? J'admettrai que la génération des hommes faits soit toute capable d'y entendre quelque chose, quoique la plus grande partie n'en ait pas la première idée : mais ceux qui viennent et viendront après en auroient-ils, par hasard, l'idée innée ; et ces principes ne les intéresseront-ils pas autant que nous ? n'est-ce pas pour eux aussi qu'est faite cette constitution ; ou faudra-t-il la changer, chaque fois, au gré de ceux qui deviendront hommes faits ? Pourquoi donc leur refuseroit-on l'explication des motifs qui ont déterminé leurs pères à reconnoître et consacrer ces principes ? La constitution, me répondra-t-on, recommande aux pères et mères d'élever leurs enfans dans ces principes, et tout bon citoyen n'y manquera pas. Soit : mais pour ceux qui sont en état de les expliquer, qui auront pu en saisir le sens vrai et en sentir l'utilité. Mais est-il bien des gens dans ce cas ? Combien n'en est-il pas, au contraire, qui, soit défaut d'intelligence, soit faute d'instruction, n'ont philosphé et ne philosopheront de leur vie ; et ne sortiront jamais de l'enfance de leur raison ! Et les malveillans, que feront-ils ?

Je crois donc que rien, plus que la constitution, ne doit avoir un préambule raisonné sur les principes qui la précèdent ; lequel présentant le tableau de l'homme, de ses besoins, de ses appétits, de ses passions, de ses privations et de ses peines dans l'état de pure nature ; des avantages de la société, des conditions pour lesquelles seules il peut en jouir ; enfin de la soumission qu'il doit aux lois, qui seules le font jouir de ces avantages ; expliqueroit le véritable sens de ces mots, *liberté*, *égalité*, *sureté*, *propriété*. Je crois, dis-je, que ce préambule est d'une absolue nécessité ; que, sans lui, le texte n'est qu'un être de raison que chacun commente à sa guise, et sait, sans beaucoup de peine, accommoder à ses vues particulières.

On parle de l'égalité, mais non de l'inégalité, qui existe pourtant bien réellement au moral et au physique : et si, dans le texte, l'on n'en dit rien, non plus que des abus qu'elle a entraînés ; si l'on n'éta-

blit pas que l'un des puissans motifs de la société
de l'hommee est cette inégalité ; comment ferez-
vous entendre l'égalité sociale à l'homme qui se sent
la force d'Hercule ? N'importe-t-il pas de lui faire
sentir que l'ordre social est essentiellement établi
pour défendre ses semblables de l'abus qu'il pourroit faire de la supériorité de ses forces ?

Voilà , encore un coup, ce que je crois nécessaire ; voilà le commentaire qui doit être gravé dans
la tête de l'enfant du moment qu'il commence à se
comparer à son semblable : mais voilà ce dont il ne
faut pas laisser l'explication à des instituteurs qui
ont aussi leurs passions comme les autres ; c'est au
contraire ce qu'il ne leur seroit pas permis de com-
menter , et je voudrois qu'ils ne pussent le lire et
le faire apprendre à leurs élèves qu'avec une sorte
de respect religieux , sans y changer un seul mot ;
et qu'à chaque époque d'une fête nationale, leurs
élèves fussent tenus de le réciter par cœur. Je n'ai
pas besoin sans doute de faire sentir les effets nécessaires d'une telle institution.

Je n'ai pas la vanité de croire que je pusse en-
treprendre la rédaction de cette espèce de traité :
il faut une plume plus exercée que la mienne, quoique la simplicité, le style en quelque sorte évan-
gélique, doive être, à mon avis, le seul qui con-
vienne à cet ouvrage.

J'examine actuellement les articles de la Déclaration : j'y trouve des idées fausses, elle me paroît
insuffisante, quelques principes sont mal posés,
d'autres manquent de développement; enfin, le plus
grand nombre appartient à la constitution, comme
n'étant que des corollaires des principes.

DROITS.

Nous voici du premier mot en pays perdu. Qu'est-ce que la société ? comment, pourquoi existe-t-elle ? Que répondre à celui qui dira qu'il n'en connoît et n'en veut pas d'autre que celle de ses proches ou amis ; qu'il est là, qu'il y est né, et qu'il y reste ? Il faut donc entrer d'avance en explication avec lui.

Mais je ne sais pourquoi l'on a séparé ce premier article des quatre suivans qui en sont l'explication : il y a là un défaut de méthode d'autant plus remarquable, que le contraire s'observe tous les jours dans la rédaction des lois, où l'on a soin de renfermer sous le même article, par paragraphes, les divisions et distinctions dont il est susceptible ; mais l'isolement du premier article est plus grave, en ce qu'il peut

ARTICLE PREMIER.

Les droits de l'homme en société sont la liberté, l'égalité, la sûreté, la propriété.

I I.

La liberté consiste à pouvoir faire ce qui ne nuit pas au droit d'autrui.

I I I.

L'égalité consiste en ce que la loi est la même pour tous, soit qu'elle protège, soit qu'elle punisse.

L'égalité n'admet aucune distinstion de naissance, aucune hérédité de pouvoirs.

I V.

La sûreté résulte du concours de tous pour assurer les droits de chacun.

V.

La propriété est le droit

présenter par-là d'autres idées que les articles suivans qui l'expliquent. *de jouir et disposer de ses biens de ses revenus, du fruit de son travail et de son industrie.*

Je ne sais pas non plus pourquoi dans ce premier article, comme dans le second, on se contente de dire simplement *la liberté*, sans y ajouter le mot *sociale*. Il n'est cependant pas vrai que la liberté simple et illimitée, comme on la présente, consiste à pouvoir faire tout ce qui ne nuit pas aux droits d'autrui ; elle permet au contraire de faire tout ce qui plaît à chacun ; tandis que la liberté sociale est resserrée dans les limites du pacte.

Il en est de même de l'article 3 : quoiqu'il dise que l'égalité est la même pour tous, cela n'a pas empêché les niveleurs de prétendre à l'égalité absolue, non-seulement des personnes, à l'égard desquelles ils ont réalisé l'idée de Trasybule, mais encore des propriétés qu'ils ont envahies, sans même parler de partage ; disant à ceux qu'ils dépouilloient, *Tu as joui, à mon tour je vais jouir ; voilà l'égalité.* Cela prouve que ces articles demandoient un exorde, une introduction, qui, fixant le véritable sens de mots si philosophiques, fît sentir leur liaison, leur dépendance réciproque : au lieu qu'en les isolant, on a donné des prétextes aux scélérats qui en ont su bien profiter.

Les mots additionnels, *soit qu'elle protège ou qu'elle punisse*, sont une redondance bien superflue, et pourroient être regardés comme un épouventail fait tout au plus pour des enfans. D'ailleurs ceci est de l'essence de la loi et se rapporte naturellement à l'article qui la définit.

La seconde partie de cet article n'est qu'une disposition transitoire, bien mal placée dans une série de principes ; avec d'autant plus de raison, qu'elle implique la possibilité d'admettre ces distinctions et cette hérédité. Et pourquoi donc en parler dès que la loi ne les admet pas ? Mieux vaut s'en taire pour que personne n'y pense ; et si depuis dix ans on ne s'en étoit pas tant occupé, cela seroit peut-être oublié.

La rédaction de l'article 4 est mauvaise. Il est des résultats moraux, des concours d'opinion ; et il ne s'agit pas de cela. Pourquoi ne pas dire avec précision : LA SURETÉ EST L'EFFET DE LA SURVEILLANCE ET DE L'ACTION DE TOUS POUR ASSURER LES DROITS DE CHACUN. Ce ne sont pas des paroles, mais des actions, qui maintiennent l'ordre public.

La propriété, dit-on, article 5, est le droit de jouir et disposer. Je pense moi que ce n'est là qu'une modification, un accessoire, une suite de la propriété; qu'avant tout, pour se dire propriétaire, il faut posséder, avoir à soi, privativement à tout autre, ce que l'on connoît sous la dénomination de biens, dont les fruits du travail font partie. La propriété est donc le droit de posséder des biens et de dire, *Ceci est à moi*. Voilà le véritable droit de propriété, la jouissance de la chose, de ses produits, la faculté d'en disposer, sont seulement des conséquences de ce droit primordial.

L'industrie est un travail qui seulement exige un degré plus particulier d'intelligence, que ce que l'on entend sous l'acception commune du mot *travail*. Ce mot *industrie* est pris aussi sous une acception défavorable ; et puisque c'est toujours un travail, je le retrancherois.

Mais on dit, disposer de ses biens, et cela sans restriction. Cependant la loi ne permet pas de donner plus à un enfant qu'à un autre, de donner par testament plus que le sixième ou le dixième de son bien : le droit n'étant donc pas illimité, il faut l'exprimer.

Cet article est un des plus essentiels du code social. Sans propriété, point de véritable société. Qui se livrera au travail, à perfectionner ses talens, pour en voir le produit envahi par le premier venu ; et n'avoir devant les yeux que l'expectative de la misère, lorsque ses forces seront épuisées ? qui voudra se reproduire pour ne faire que des malheureux, ou, tout au moins, être dans l'incertitude de leur sort ? A tort me citeroit-on des pays, des gouvernemens sans propriété privée ; car dans ces pays il y avoit des esclaves, ou le peuple l'étoit lui-même ; et il s'agit ici d'une République sans ilotes. Mais c'est dans le préambule que les idées sur la propriété doivent être développées.

Je dirois donc : La propriété est le droit exclusif de posséder, d'avoir à soi des biens, d'en jouir et disposer ; la loi détermine les règles selon lesquelles ils sont transmis par succession et testament.

Cet article n'est qu'une modification de la chose : il ne dit pas ce qu'elle est ; mais seulement comment, à quel signe on peut la reconnoître comme loi. Qu'est-ce donc que la loi,

V I.

La loi est la volonté générale, exprimée par la majorité des citoyens ou de leurs représentans.

sinon la règle de conduite de chaque membre du corps social envers tous, et du corps social envers chacun de ses membres ? Qu'après cela l'on dise comment elle se fait, j'en suis d'accord.

Cet article me paroît inutile ; il rentre absolument dans l'article de la liberté : puisque d'une part la liberté consiste à faire tout ce qui ne nuit pas au droit d'autrui, et que de l'autre la loi est la règle commune de conduite, il s'en suit que chacun est maître de faire ce que la loi ne défend pas, et de s'abstenir de ce qu'elle n'ordonne pas ; c'est en cela que consiste réellement la liberté sociale. L'article est donc un explétif superflu.

V I I.

Ce qui n'est pas défendu par la loi ne peut être empêché.

Nul ne peut être contraint à faire ce qu'elle n'ordonne pas.

Cet article a, comme d'autres, le défaut d'être négatif. Pourquoi ne pas renverser la proposition, et la ranger parmi les devoirs, en disant : Tout citoyen doit comparoître en justice, lorsqu'il y est appelé, ou qu'il est accusé, même subir la détention pour les causes, dans les cas et selon les formes prescrites par la loi.

V I I I.

Nul ne peut être appelé en justice, accusé, arrêté ni détenu que dans le cas déterminé par la loi et selon les formes qu'elle a prescrites.

Cet article est jeté là comme au hasard ; quel rapport a-t-il avec les droit du citoyen ? il n'a d'autre place que dans la série des devoirs des fonctionnaires publics.

I X.

Ceux qui sollicitent, expédient, signent, exécutent ou font exécuter des actes arbitraires, sont coupables et doivent être punis.

Il en est de même de celui-ci. C'est un devoir du fonctionnaire public. Mais on dit *doit être*, et pourquoi ne dit-on pas *est*? N'est-il pas singulier que l'on dise *la loi doit!* mais je reviendrai sur cette observation.

Autre devoir des fonctionnaires. Mais cet article doit être fondu dans le huitième, en ajoutant que l'accusé doit être entendu dans ses défenses.

La loi est l'expression de la volonté générale, une émanation de la souveraineté; la première partie de l'article n'est donc pas admissible. Qui peut prescrire des règles, imposer des devoirs au souverain? n'est-ce pas lui en tracer, que de dire qu'il ne doit pas faire ce qu'il veut? N'est-ce pas enfin attaquer la souveraineté même? Sans doute comme moralité, ceci est bon; mais comme principe politique, la maxime est fausse et contradictoire. Le mot *nécessaire* entraîne la même conséquence: qui jugera de la nécessité contre le souverain? Je dirois donc, la loi décerne des peines proportionées aux délits.

X.

Toute rigueur qui ne seroit pas nécessaire pour s'assurer de la personne d'un prévenu, doit être sévèrement réprimée par la loi.

X I.

Nul ne peut être jugé qu'après avoir été entendu ou légalement appelé.

X I I.

La loi ne doit décerner que des peines strictement nécessaires, proportionnées au délit.

B

Cet article n'est-il pas l'article X retourné ? En effet, l'un dit que toute rigueur non nécessaire doit être réprimée, et l'autre, que tout traite-ment qui aggrave la peine

X I I I.

Tout traitement qui aggrave la peine déter-minée par la loi, est un crime.

fixée par la loi, est un crime. Ces idées ne coïnci-dent-elles pas infiniment ? Qui emploie la rigueur ? qui aggrave la peine ? ne sont-ce pas des fonction-naires publics ? Hé bien donc, renvoyez au code des délits et des peines ; car je ne vois pas là les droits du citoyen. Il a le droit d'invoquer la loi ; il ne doit pas l'invoquer en vain, même quand il auroit tort. Voilà tout, sans qu'il soit besoin de faire d'avance le procès à l'autorité légale.

Pourquoi la distinction *crimininelle ni civile ?* l'une ne peut pas plus que l'autre avoir d'effet ré-troactif. Mais ici comment concilier le principe avec

X I V.

Aucune loi criminelle ni civile ne peut avoir d'effet rétroactif.

le fait ? Dire que dans l'ordre physique, une chose qui est ne peut être, c'est dire qu'un bâton ne peut pas n'a-voir pas deux bouts. Mais il s'agit de l'ordre moral. A-t-on voulu frapper de nullité tout effet rétroac-tif donné à la loi ; ou que tout citoyen eût droit de se refuser à l'exécution d'une loi qui emporte un effet rétroactif ; comme si l'on disoit que toute loi qui porte un effet rétroactif n'est point une loi ? Mais le moyen . . . . . Là gît la difficulté qu'il faut pourtant résoudre.

Je dirois : Tout homme peut engager son temps et ses services, mais sa personne est inaliénable.

X V.

Tout homme peut engager son temps et ses services, mais il ne peut se vendre ni être vendu ; sa personne n'est point une propriété aliénable.

Cet article appartient aux devoirs, mais il tombe là comme des nues. De plus, on dit que toute contribution est établie pour l'utilité générale. Quoi ! il n'est que de simple utilité de fournir aux dépenses qu'exige

X V I.

Toute contribution est établie pour l'utilité générale ; elle doit être répartie entre les contribuables en raison de leurs facultés.

le maintien de l'ordre social, de la sûreté intérieure et extérieure de l'État, de la justice, etc. Je crois ces dépenses d'une nécessité absolue, et telle que nul ne peut se refuser à y contribuer. Utilité, nécessité ne sont pas synonymes ; la raison permet de se passer de la première, mais non de la seconde. Je dirois donc, mais à sa place, le maintien de l'ordre social exige des dépenses auxquelles tous les citoyens doivent contribuer en raison de leurs facultés et en proportion des besoins.

Enfin on parle de la souveraineté du peuple ! On auroit dû commencer par là ; aussitôt après avoir dit, ce qu'on n'a pas fait, ce que c'est que

X V I I.

La souveraineté réside essentiellement dans l'universalité des citoyens.

peuple, souveraineté ou puissance suprême, citoyen; pour que persone n'en prétendît cause d'ignorance. Le mot *essentiellement* n'est pas celui qui convient le mieux; dans l'acception commune, il n'est que relatif: il faut s'expliquer d'une manière plus précise. On devoit dire *absolument*, c'est le mot. Qui compose le peuple? l'universalité des citoyens. Pourquoi cela? Parce qu'ils se sont réunis pour se former en corps de peuple. Mais j'anticipe et je m'arrête.

XVIII.

Nul individu, nulle réunion partielle de citoyens ne peut s'attribuer la souveraineté.

Citoyens! toujours *citoyens!* sans avoir dit ce que c'est. *Ne peut!* Et cependant des fractions du peuple l'ont fait: cela n'est donc pas suffisant. S'il est un crime social au premier chef, c'est celui de l'usurpation. Pourquoi donc ne pas le dire? Au surplus, cet article se lie au précédent.

XIX.

Nul ne peut, sans une délégation légale, exercer aucune autorité, ni remplir aucune fonction publique.

Qu'est-ce qu'une autorité? Qu'est-ce que fonction publique, une délégation légale? Et d'où cela dérive-t-il? Les fonctions publiques sont l'action de la loi, qui, par le moyen du gouvernement qu'elle a établi, protège la liberté, la propriété, maintient l'égalité, la sûreté: mais on n'a rien dit de tout cela; comment le plus grand nombre peut-il y entendre un mot?

Le principe de l'ordre social étant l'égalité des droits ; c'est se répéter que de dire, que chaque citoyen a un droit égal. Mais il faut faire sentir la nécessité dans laquelle on a été d'admettre le concours médiat avec l'immédiat ; car il faut prévenir les pourquoi.

X X.

Chaque citoyen a un droit égal de concourir médiatement ou immédiatement à la formation de loi, à la nomination des représentans et fonctionnaires publics.

Toujours des propositions négatives ! et pourquoi ? Si, comme je pense qu'on le doit, on rend raison de l'institution du gouvernement ; si l'on expose les raisons

X X I.

Les fonctions publiques ne peuvent devenir la propriété de ceux qui les exercent.

pour lesquelles il est ordonné de telle sorte plutôt que de telle autre, et les inconvéniens de l'hérédité des pouvoirs ; alors il suffit de dire que les fonctions publiques sont temporaires, et que la loi détermine la durée de l'exercice de chacune.

Pour celui-là je n'y ferai pas long commentaire ; il m'a toujours paru insignifiant, un véritable amphigouri ; comme si l'on disoit que l'on sera malade, si l'on ne se porte pas bien.

X X, I I et dernier.

La garantie sociale ne peut exister, si la division des pouvoirs n'est pas établie, si leurs limites ne sont pas fixées, et si la responsabilité des fonctionnaires publics n'est pas assurée.

D'après le court examen des articles des droits, je crois n'avoir rien avancé de trop dans ce que j'en ai dit plus haut. Je passe donc au titre des devoirs : on verra si ce titre est frappé des mêmes défauts que le premier.

DEVOIRS.

Art. Ier.

La déclaration des droits contient les obligations des législateurs : le maintien de la société demande que ceux qui la composent connoissent et remplissent également leurs devoirs.

Pourquoi des législateurs, et non pas du corps social entier, ou plutôt de chaque membre du corps social ? Le mot *législateur* sera pris par le plus grand nombre, sous l'acception que lui donne le système représentatif, et n'y verra que les premiers délégués du peuple. Il faut éviter les mal-entendus. Or si, comme je le crois, les droits du citoyen sont le code des devoirs du code social envers chaque membre de l'association ; il s'ensuit que cet article appartient au titre des droits, qui se composent des devoirs de la société envers ses membres.

Quant au deuxième membre de cet article, il appartient au préambule.

I I.

Tous les devoirs de l'homme et du citoyen

Toujours de l'homme et du citoyen : mais, je le répète, l'homme séparé du citoyen est un être nécessairement isolé , sans relation et conséquemment sans devoirs envers personne. Il ne faut donc l'envisager que sous le rapport du pacte social. Mais, à cet égard, entrant dans le mérite de l'objection que l'on pourra me faire , et à laquelle je répondrai plus

dérivent de ces deux principes gravés par la nature dans tous les cœurs.

Ne faites pas à autrui ce que vous ne voudriez pas qu'on vous fît.

Faites constamment aux autres le bien que vous voudriez en recevoir.

bas, je dis : l'homme social peut et doit même se considérer sous deux rapports ; l'un particulier , qui n'a pour objet que ses relations privées avec ses parens , ses amis, ses affaires ; l'autre général , qui embrasse toutes celles d'intérêt public. Sans doute ces deux maximes conviennent à ces deux rapports ; mais plus immédiatement à l'un qu'à l'autre , c'est-à-dire plus à l'homme privé qu'au citoyen ; il suffit d'un exemple. Un homme est coupable , à sa place on voudroit échapper à la punition : par des motifs d'intérêt privé , ne fût-ce enfin qu'en l'honneur de ces maximes, on peut desirer que cet homme ne la subisse pas, même aider à l'y soustraire. Si l'on envisage ensuite comme citoyen la faute de cet homme, les effets qu'elle a produits et peut produire , les résultats de l'impunité, etc. on se sent combattu , forcé même de repousser tout sentiment de pitié et de livrer le coupable à la vindicte publique. D'où naît cette opposition de sentiment ? Sinon de ces deux rapports, l'un d'intérêt privé qui lie au sentiment de l'indépendance originelle de l'homme tous les objets de son affection particulière , et l'autre d'intérêt public , qui modifie et atténue le sentiment trop vif de son être. Mais ces deux rapports existent toujours dans l'homme social , et font , je le sens bien, le tourment du législateur. Il s'ensuit donc que les deux maximes vraies en elles-mêmes sont dans l'application susceptibles du plus et du moins, et qu'elles impliquent en cela contradiction. *Et qui ne fait pas du bien? Le méchant en fait comme un autre, il fait un heureux aux dépens de cent misérables. Rousseau.*

Les obligations! plus haut ce sont les devoirs! pourquoi deux noms à la même chose. Mais comment sont établis les devoirs? 1°. Défendre la société, etc. Il semble à moi que le premier devoir envers la société est la soumission aux lois qui em-

I I I.

Les obligations de chacun envers la société consistent à la défendre et à la servir, à vivre soumis aux lois, et à respecter ceux qui en sont les organes.

brasse tout. Combien de gens servent la société sans être soumis, comme ils le doivent, à ses lois? Ils la servent même utilement, la défendent aussi, mais le tout en vue de leur intérêt particulier, et n'en sont pas d'ailleurs pour cela plus soumis aux lois. Et puis la société! Et pourquoi donc pas la patrie? Ce mot n'est qu'une seule fois dans cette déclaration, et au dernier article! Puisqu'il s'agit des devoirs du citoyen, c'est bien sans doute envers la patrie, ou bien il n'y a plus que des citoyens du monde.

Obéir aux lois, en respecter les organes, servir sa patrie, la défendre, voilà les devoirs du citoyen, et cela dit tout.

Montesquieu avoit dit en moins de mots et avec plus de précision et d'ordre : *c'est le bon fils, le*

I V.

Nul n'est bon citoyen s'il n'est bon fils, bon

bon mari, *le bon père qui font le bon citoyen.* J'ai toujours trouvé, et je trouve encore que, sous le rapport social, cela disoit tout : mais on met le père avant l'époux : il y auroit bien des choses à dire là-dessus.

Maxime purement morale : le corps politique ne connoît que des citoyens, et celui qui n'est pas bon et loyal observateur des lois est mauvais citoyen.

A renvoyer au code pénal : ce sont encore-là des moralités et non une série de devoirs.

On finit par où il falloit commencer, c'est-à-dire par l'ordre social. Au surplus, pour ne pas me

père, bon frère, bon ami, bon époux.

V.

Nul n'est homme de bien, s'il n'est franchement et religieusement observateur des lois.

V I.

Celui qui viole ouvertement les lois se déclare en état de guerre avec la société.

V I I.

Celui qui, sans enfreindre ouvertement les lois, les élude par ruse ou par adresse, blesse les intérêts de tous ; il se rend indigne de leur bienveillance et de leur estime.

V I I I.

C'est sur le maintien des propriétés que repo-

répéter, je renvoie à ce que j'ai dit sur la propriété, qui suffit pour faire sentir l'inutilité de cet article.

sent la culture des terres, toutes productions, tout moyen de travail et tout l'ordre social.

Ce dernier article est une redondance, une répétition de l'art. III auquel il n'ajoute absolument rien ; mais il parle pour la première fois de patrie, et l'art. III de la société. A-t-on voulu établir entre ces deux mots une différence, ou signifient-ils

I X.

Tout citoyen doit ses services à la patrie et au maintien de la liberté, de l'égalité, de la propriété, toutes les fois que la loi l'appelle à la défendre.

la même chose ? Dans le premier cas, je ne vois là qu'une contradiction. Les obligations de chacun envers la société consistent à la défendre, dit l'article III ; et contre qui ? seroit-ce par hasard contre la patrie ? Dans le second cas, pourquoi deux noms ? S'il est une ouvrage qui demande une précision exacte et scrupuleuse, c'est sans doute celui-là.

Avant de terminer ces observations, je dois parler d'une disposition qui étoit dans la précédente Déclaration des droits, même dans le projet de celle-ci, avec une modification, c'est-à-dire l'art. XVI du projet qui porte, que *nul ne peut être privé de sa propriété, que lorsque la nécessité publique légalement constatée l'exige évidemment, et à la charge d'une juste indemnité.*

La première Déclaration ajoutoit au mot *juste* celui de *préalable*, mot retranché dans le dernier projet.

On a supprimé cette disposition, et par-là sacri-fié l'intérêt public à l'intérêt privé, tellement que la chose la plus nécessaire au bien public dépendra du caprice d'un entêté qui ne voudra pas, à quelque prix que ce soit, céder sa propriété. On a vu des exemples de cela dans Paris même, et la chose dans le temps fit beaucoup de bruit, non qu'il y eût nécessité absolue, mais enfin rien ne put tenter le propriétaire qui résista à tout.

Or, d'après l'art. VII, il faudra, puisque la loi est muette, que le bien public cède à la volonté privée, ou soit lésé par le prix excessif que mettra le propriétaire à l'objet demandé.

Je crois donc que cet article doit être rétabli, mais tel qu'il étoit dans la première Déclaration ; et sur-tout sans oublier le mot *préalable*, dont le retranchement étoit une injustice.

Mais comme on pourroit couvrir du prétexte de la nécessité publique le desir d'envahir la propriété particulière, je voudrois que l'exécution de cette disposition fût entourée de formes si sevères que l'intérêt particulier ne pût espérer d'abuser d'un moment de faveur ; je voudrois, par exemple, qu'entre la proposition, les formalités *de commodo et incommodo*, d'estimation, etc. et l'exécution définitive, il se passât un certain intervalle de temps, à la faveur duquel on pût juger plus mûrement du besoin public, du plus ou du moins de nécessité, enfin démêler les intrigues qui auroient pu porter l'autorité publique à demander l'abandon de la propriété. Ces formalités multipliées et solemnelles, en montrant de la part du législateur le plus grand respect pour la propriété, tendroient au moins à l'imprimer plus profondément dans la tête des envahisseurs de toutes classes , si multipliés et devenus si audacieux depuis la révolution.

J'ai prouvé, je crois , plus que suffisamment, le fondement des reproches que j'ai faits à cette déclaration de droits et devoirs. Avant de passer à ce que j'estime devoir la remplacer, je ne puis me dispenser de dire un mot sur l'observation qu'on m'a faite au sujet de la conjonction qui lie l'homme au citoyen. On a voulu , m'a-t-on dit , considérer l'homme , non pas comme absolument isolé, mais sous le double rapport de la société publique et de la société privée , et que la déclaration fût en même temps un code moral et politique. De là , la distinction de l'homme public et de l'homme privé : de là les principes de pure morale qui se trouvent dans cette déclaration. Il n'y a donc point de contradiction dans le titre.

La réponse est simple : il est possible sans doute que le législateur ait eu cette idée en vue , mais l'a-t-il réalisée ? Voilà ce que je crois qu'il n'a pas fait. Ce ne sont pas deux ou trois principes moraux entremêlés dans cette déclaration qui donneront au peuple la conscience morale de l'ordre social. Si la déclaration par un troisième titre eût spécialement traité cet objet, à l'exemple des lois de Confucius, il n'y auroit pas eu d'équivoque sur la conjonction , et je n'aurois rien à dire. Mais cela n'est pas , l'observation n'est donc point solide.

On ne peut se dissimuler que cette partie a ses difficultés.

Quoique l'homme soit porté à la sociabilité , non-seulement par le sentiment de son intérêt personnel , mais encore par celui de la pitié , que la nature a placé en lui comme correctif de l'autre ; il n'est pas moins vrai , qu'après le sentiment de l'existence , celui de l'indépendance est également inné et si vif dans l'homme , que , malgré le sacrifice volontaire qu'il en fait en s'associant à ses semblables , il est toujours prêt à se soulever et à briser les chaînes dont il s'est chargé lui-même.

Nitimur in vetitum semper , *cupimusque negata*. L'auteur de cette pensée a dévoilé le secret du cœur humain. Aussi les legislateurs du monde n'ont - ils pas cru pouvoir neutraliser ce sentiment par la seule force des lois civiles , et ont-ils eu recours à l'inter-vention de la divinité , tant comme juge et vengeresse des lois , que comme agent de leur exécution par ses ministres.

Un seul s'est écarté de cette route , et pour tirer l'Etat de la dépendance des prêtres , qui par - tout ont usurpé la puissance suprême , il a créé la mo-rale , ou plutôt il l'a réduite en principes qui em-brassent et règlent toutes les actions de la vie pri-vée de l'homme ; il en a fait une loi de l'Etat , et l'a de plus en quelque sorte divinisée pour l'appro-prier à la forme de son gouvernement.

Les bases du gouvernent français sont posées. Mais croit-on que quelques moralités placées dans le chapitre des devoirs suffisent pour tracer à l'homme les règles de sa conduite dans la vie privée comme dans la vie sociale ; et qu'elles soient un frein suffisant au sentiment d'indépendance que chacun porte au-dedans de soi ? Pour moi , je crois que non. J'ai fait sentir le conflit qu'entraîne la maxime de l'article II. D'autres exemples ne me paroissent pas nécessaires après celui-là. Les autres articles ne sont que des généralités qui ne s'appliquent à rien en convenant à tout : c'est donc chose à faire en entier.

Les principes sont connus, me dira-t-on; j'en conviens; quoiqu'on les ait non-seulement oubliés, mais même foulés aux pieds. Mais quand j'accorderois qu'ils sont dans le cœur de chacun, autant que dans le fait ils y sont peu, même de ceux qui les connoissent, et à plus forte raison de ceux qui n'ont encore vu que le contraire; toujours est-il vrai de dire qu'il faut les co-ordonner avec ceux du pacte social, qui doit lui-même être tellement basé sur la morale, qu'il ne la modifie que dans ce qui nuiroit au maintien de l'ordre social, comme dans l'exemple cité. Voilà ce qui est nécessaire; voilà ce qu'il faut, pour convaincre l'homme de la nécessité de leur concours et des sacrifices qu'il doit faire, s'il veut jouir des avantages qui en résultent. Il faut donc donner un autre développement à ces principes; il ne suffit pas de les déduire dans un rapport que peu lisent, et qui n'est que l'idée de quelques-uns : il faut les réduire en maximes dont l'introduction à la constitution doit contenir le développement.

Voilà ce qui doit faire la matière de longues et sérieuses méditations. Voilà ce qui doit fixer plus que jamais l'attention du législateur. Il ne suffit pas de faire des lois, de les multiplier; l'expérience nous a fait connoître le résultat de tout ce fatras. Ce qu'il faut à ces lois, c'est une sanction, que l'on ne trouvera tout au moins que dans la conscience de l'homme de bien; conscience dont la voix étouffée depuis dix ans, ne se fait plus entendre que par le profond sentiment de nos misères. Enfin voilà ce qui seul, selon moi, peut attacher l'homme à la cité.

Je n'entreprendrai pas non plus de déduire ces principes qui sont connus et gravés dans le cœur de tout homme probe, qui sent que son bonheur dépend nécessairement de celui de ses semblables. C'est au législateur à s'en bien pénétrer, à les prendre pour régulateurs de ses institutions, s'il veut enfin qu'elles n'ayent plus l'existence éphémère des précédentes.

Je me bornerai donc à la série des principes fondamentaux de l'acte constitutionnel, sous le rapport politique seulement, lequel n'a point été approfondi. S'il sont exactement déduits de la nature des choses, s'ils sont établis avec la clarté nécessaire pour être entendus de tous ; s'ils n'entravent la liberté individuelle qu'en ce qu'elle nuiroit à l'association ; si enfin ils n'altèrent point la morale , ils seront ce qu'ils doivent être, la base de toutes les lois constitutionnelles et réglémentaires , nécessaires au maintien de l'ordre social.

- Voici comme j'établis ces principes :

L'homme naît pour exister et pour se reproduire. Ce sort lui est commun avec tous les êtres finis. Mais la nature l'a exclusivement doué d'une intelligence supérieure qui consiste principalement dans la faculté de comparer , juger et choisir ; ce qui constitue en lui le libre arbitre ou la liberté.

L'homme naît donc libre : sa liberté est un don de la nature, inhérent à son être. Premier principe.

L'homme a , comme tous les animaux, besoin de se nourrir pour soutenir son existence. L'insuffisance des productions libres et spontanées de la terre le force à se procurer, par le travail, ce qu'elle ne lui donne pas libéralement.

L'homme naît foible et redevient tel à la fin de sa vie. Dans ces deux situations, le secours de ses semblables lui est nécessaire.

Dans l'âge viril l'homme peut se suffire à lui-même ; mais ses facultés étant plus bornées que ses desirs, il ne peut satisfaire tous ceux-ci qu'avec l'aide d'autrui.

L'expérience prouve que le travail de plusieurs réunis donne un produit plus fort que la somme des travaux de chacun en particulier.

L'inégalité que la nature met dans la distribution qu'elle fait à chacun des facultés physiques et morales qui constituent son être, peut obliger les hommes à se réunir pour s'entr'aider, ou pour opposer des obstacles à l'usage que les plus forts feroient de leur supériorité, au préjudice des plus foibles.

L'union des sexes, l'attachement de la mère pour ses enfans, la pitié pour celui qui souffre, la satisfaction du bienfait, toutes ces affections et d'autres causes encore, portent l'homme à rechercher la société de ses semblables.

L'homme est donc sociable par sa nature. Deuxième principe.

Et cette affection secondaire tend nécessairement à comprimer l'essor de sa liberté primitive.

De ces deux premiers principes dérive nécessairement un troisième. Celui que la nature a doué de quelque supériorité sur ses semblables, peut, par la seule impulsion du sentiment de sa liberté, en user à leur détriment : mais cet usage, effet de l'inégalité, le constitue en état de guerre avec eux ; et cet état violent est contraire non-seulement à la sociabilité, à la liberté naturelle de chacun, mais encore à la fin première de l'homme qu'il tend à détruire. On ne peut donc établir en principe, en droit, cette inégalité individuelle ; sans agir évidemment contre la liberté, contre le vœu de toute association qui est le sentiment et la raison de l'utilité commune ; ni la maintenir que par la force ; et la force ne fait pas droit.

La conséquence est donc que l'égalité des droits est une des bases naturelles, et partant, nécessaire de toute association. Troisième principe.

Le but de l'association est l'avantage de tous. Pour qu'il existe, il faut nécessairement la volonté et l'obligation réciproque de tous envers chacun, et de chacun en particulier envers tous, de concourir de tous leurs moyens vers cet avantage. Cette obligation est contractée de plein droit par le fait même de l'association, du moment qu'elle existe et forme le contrat social. Quatrième principe.

Le premier moyen d'obtenir les avantages de l'association, est le maintien de la tranquillité publique, par laquelle seule chacun peut, avec sécurité, se livrer aux travaux auxquels il est propre.

La sûreté est donc une des premières conditions de l'association, et le premier devoir du corps social envers ses membres. Cinquième principe.

J'ai rendu jusqu'à présent facilement raison des principes que j'ai posés ; il en reste un non moins important à établir, quoiqu'il ne résulte pas aussi immédiatement que les autres de la nature de l'homme, mais seulement de la qualité accessoire dont il est doué, c'est-à-dire de sa sociabilité ou plutôt de son état en société. Il s'agit de la propriété.

Quand je considère la circonspection avec laquelle J. J. Rousseau a traité ce sujet, sans prononcer nettement sur la question ; ce n'est pas sans quelque timidité que j'émets mon opinion. Cependant J. J.

C

écrivoit quarante ans avant la révolution ; et la manière dont il a parlé de cet état de choses, prouve assez au lecteur attentif qu'il avoit plutôt en vue d'éclairer les gouvernans que de soulever les gouvernés. Aujourd'hui que tout est à peu près détruit, et que pour achever le mal on entend depuis dix ans ces cris d'égalité absolue, de loi agraire, de tout à tous, tout en demandant du pain et du fer, comme ont fait les apôtres des Marat et des Robespierre, et autres leurs complices du dedans et du dehors, sans s'inquiéter des moyens de se les procurer ; si J. J. se trouvant comme nous emporté dans ce tourbillon dévorant, étoit obligé de s'expliquer, que répondroit-il à cette demande simple et précise : Qu'est-ce que le droit de propriété ?

Celui, a-t-il dit, *qui, le premier, ayant enclos un terrein, s'avisa de dire, ceci est à moi, fut le vrai fondateur de la société civile.* Je le pense comme lui. Mais il ajoute que l'on devoit *combler les fossés, arracher les haies et crier à l'imposteur.* C'est ce que je crois d'autant moins, que, comme il le reconnoît, *il y a grande apparence que les choses en étoient venues au point de ne pouvoir plus durer comme elles étoient.* Il indique bien ensuite comment le changement d'état se fit, mais non par quelle cause ; et c'est ce qu'il s'agit de trouver, pour désabuser l'erreur en démasquant l'imposture et lui imposant silence.

Or, en considérant les diverses sociétés d'hommes existantes et qui ont existé sur la surface du globe, on remarque que le droit à la propriété privée a pris plus ou moins de consistance, suivant le plus ou le moins d'étendue, de fertilité naturelle ou artificielle du sol, selon le nombre plus ou moins grand des habitans, selon leurs besoins, les relations de peuple à peuple, et autres données de ce genre.

En effet, que l'on jette un coup d'œil sur toutes les terres de la zone torride et autres environnantes, on verra que, presque par-tout, les productions libres et spontanées de la terre suffisant aux besoins de l'homme, il n'a pas même l'idée de la propriété privée : témoin ce Brésilien dont parle Lery.

On verra qu'il en est de même, mais par une raison opposée, de l'habitant de la zone glaciale, qui foule une terre ingrate dont il n'attend rien ; sans songer qu'elle puisse lui appartenir ; et qu'enfin les uns et les autres n'attachent l'idée de la propriété qu'à leurs canots, à leurs instrumens de pêche et de chasse, qu'ils portent par-tout où ils espèrent trouver à vivre.

Revenant de ces deux points extrêmes aux pays tempérés, on y voit une terre peu libérale, mais plus généralement susceptible de culture, et de rendre par ce moyen le centuple de produits : on la voit par conséquent plus peuplée.

Si l'on considère ensuite la multiplicité des travaux divers auxquels l'homme s'est vu forcé de se livrer, pour se procurer les moyens d'obtenir ces produits industriels ; que, pour les élever tous à la proportion des besoins, il a fallu se partager en même raison les travaux, et en assurer les résultats par un ordre et une stabilité qui écartassent toute inquiétude sur l'avenir ; on concevra nécessairement non-seulement l'idée de la propriété, mais encore son absolue nécessité ; et que sans elle le corps social seroit dans le chaos, et la population se détruiroit rapidement : tandis que la propriété en est le vrai, le principal lien. Il s'ensuit que, si les fruits libres et spontanés de la terre appartiennent à tous, comme le lait de la mère appartient à l'enfant, par le droit d'exister de chacun ; de même les fruits industriels et le produit du travail de chacun sont à lui, comme le résultat et tout à la fois le but de son existence ; et qu'il devient par là le maître de l'instrument ainsi que de l'ouvrage, qui seroient nuls sans ses efforts ; qu'enfin par eux il acquiert le droit de les posséder et d'en disposer. Tel est le droit de propriété. Sixième principe.

Tels sont, à mon avis, les principes fondamentaux de toute association politique, dont le but est de rendre les hommes raisonnables, justes, heureux et bons. Tant que ces principes seront respectés, ils affermiront de plus en plus l'association qu'ils détruiront tôt ou tard s'ils sont violés.

En examinant la déclaration des droits, on voit clairement que toutes ses dispositions principales se renferment dans les principes que je viens de poser ; et que les autres n'en sont que des conséquences : d'où il suit que les bases de toute constitution quelconque doivent être établies dans un ordre secondaire, comme particulièrement propres à telle ou telle association, en raison des convenances.

Mais pour poser ces bases, il faut fixer le sens des termes, avec la clarté et la précision nécessaires ; pour que chacun les conçoive et ne puisse sans crime leur donner une autre définition ; pour qu'enfin les hommes cessent de s'entre-égorger pour des logogryphes.

Ainsi le peuple est la réunion libre de tous les individus qui composent l'association. A cette réunion seule appartient cette dénomination : toute fraction du peuple qui se l'arroge scinde le corps social , tend à l'usurpation et viole la loi.

Le citoyen est le membre de l'association qui réunit les qualités et remplit les conditions sous lesquelles le pacte sociale lui défère ce titre.

La souveraineté ou la suprême puissance appartient au peuple seul ; seul il fait la loi , soit immédiatement , soit médiatement par ses délégués spéciaux.

La loi est la règle de conduite de tous les membres de l'association , soit comme hommes privés , soit comme magistrats : elle est l'expression de la volonté générale.

La constitution d'un peuple est le code des lois générales qui règlent les conditions de l'association, la forme du gouvernement , la division des pouvoirs, leurs degrés d'autorité , les formes selon lesquelles se manifeste la volonté générale.

Le gouvernement est un corps intermédiaire établi pour faire exécuter la loi et maintenir la liberté civile et politique ; l'institution de ce corps est nécessaire toutes les fois que le peuple ne peut par lui-même faire exécuter la loi.

Les membres du gouvernement sont les magistrats du peuple.

Les lois particulières sont celles qui règlent la police de l'état, les contributions publiques, la répression des délits, les droits et intérêts privés des citoyens entre eux, l'ordre des successions, la transmission des biens, etc.

La Patrie ! nom sublime et touchant ! comment le définir ! comment donner froidement l'étymologie de ce mot, qui rappelle à la fois à l'ame du vrai citoyen tous les sentimens élevés de l'homme libre qui se voit sous les yeux de ses égaux dont il veut mériter l'estime, et au cœur de l'homme sensible le tendre souvenir de ceux qui furent, l'attachement de ceux qui sont, celui qu'il porte d'avance à ceux qui seront, le souvenir de tous les plaisirs innocens que l'on a goûtés, et qui présente enfin la consolante idée de laisser après soi une mémoire chérie et honorée.

Procédant ainsi, l'on créeroit le *Vocabulaire* ou *Dictionnaire politique*, ouvrage classique, élémentaire qui est encore à faire, et qui est exclusivement, selon moi, l'ouvrage du législateur.

Viendroit sur la même ligne, tout au moins, le *Code moral de l'homme-citoyen*; autre ouvrage de même nature, et bien plus nécessaire encore. On conçoit, sans doute, que celui-là, plus essentiellement que tout autre, est de la compétence du législateur; et que même il ne peut être confié qu'à des hommes qui, fils, époux et pères, à l'exercice constant des vertus attachées à ces trois états, à l'expérience qui en résulte, joindront les lumières et la sagacité d'une raison éclairée, prévoyante et sage.

Voilà ce que j'ai cru convenable de dire dans la circonstance où nous nous trouvons, ce qui peut au moins suggérer des idées utiles. Si je suis assez heureux pour avoir réussi, j'ai acquitté ma dette et je finis.

BAUDOUIN, Imprimeur du Corps législatif.
Frimaire an 8.

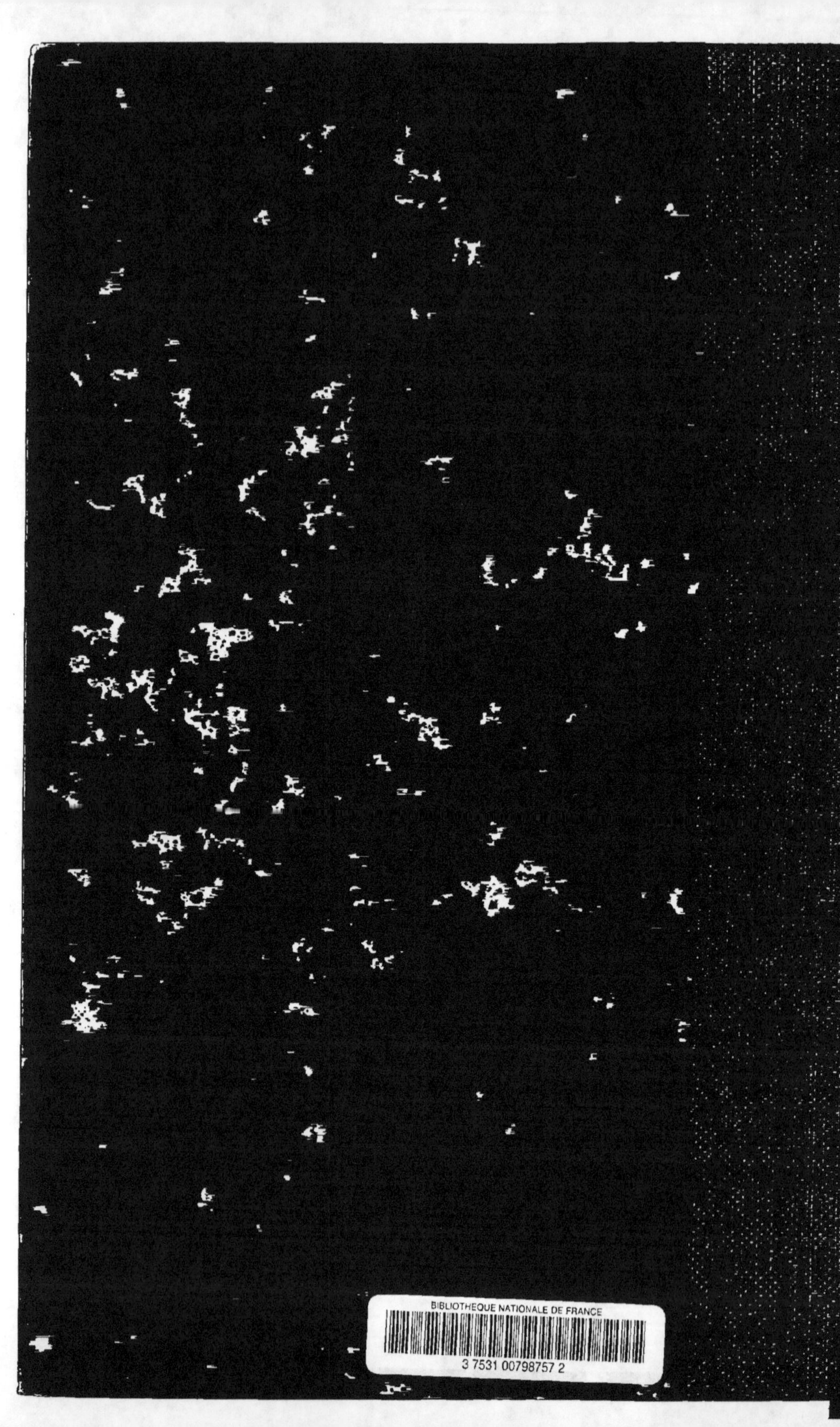